CoachingAcademie® KG
Goldstrasse 5
33602 Bielefeld
0521 - 9 11 55 0

www. CoachingAcademie.de
info@CoachingAcademie.de

Graphisches Konzept & Gestaltung
Anna Craemer
www.annacraemer.de

Druck und Bindung
www.gieseking.de

ISBN: 978-3-00-023904-5

Stephan & Maria Craemer

Begeisterung ist nicht normal

aber natürlich

Stephan (Dipl Soz) & Maria Craemer (appr Dipl Psych)
sind seit 1983 glücklich verheiratet
und haben zwei Kinder
Nach mehrjährigem Auslandsaufenthalt
gründeten sie 1986 die CoachingAcademie®
Sie sind Urheber des Contextuellen Coaching®
und leiten erfolgreich Trainingsprogramme
in ganz Deutschland

Diese Aphorismen repräsentieren die Essenz
der Philosophie des Contextuellen Coaching®
eine progressive und nachhaltige CoachingMethode
die seit 1986 erfolgreich in den Trainingsprogrammen
der CoachingAcademie® angewandt wird

Sie hat über zehntausend Menschen ermöglicht
sich aus unförderlichen mentalen und emotionalen
Zusammenhängen zu befreien und erfüllt zu leben

Ungewohntes Denken löst zunächst
ungewohnte Gefühle aus
die häufig die Verwirklichung
außergewöhnlicher Ideen begrenzen

So erschließen sich einige Aphorismen auf Anhieb
andere erst nach längerem Einwirken
und manche erst nach der Teilnahme
an den Trainingsprogrammen der CoachingAcademie®

Schön

dass Du da bist

Die meisten Menschen wollen

ein sicheres Abenteuer

Mutig zu sein heißt nicht
keine Angst zu haben
Mutig zu sein heißt
etwas mit Angst zu tun

VIELE WOLLEN
DUSCHEN
OHNE
NASS
zu werden

An sich gibt es weder gute
noch schlechte Absichten
und jeder hat immer
eine für sich gute Absicht

Anspruchsdenken

macht aus jeder Gabe

ein Almosen

Man kann nicht
zu allem Nein sagen
selbst zum Nein sagen
muss man Ja sagen

Man wird zu dem
was man bekämpft
Wer das Böse bekämpft
wird böse

Menschen sind lieber
im Recht und unglücklich
als im Unrecht und glücklich

Jeder Junge

ist ein Held

in Ausbildung

Yin & Yang

feminin & maskulin

Jede Seite ist gleich gültig

Achte und respcktiere beide Seiten

zu ihren Bedingungen

so ermöglichst Du Erfüllung

LIE

Hass macht blind

Liebe macht sehend

BE

Entweder

Du hast Gefühle

oder

Gefühle haben Dich

Leben wird nicht bestimmt
durch Ereignisse
sondern durch Schlussfolgerungen
die daraus gezogen werden

Es gibt kein Verb für Frieden
Man kann nicht frieden
Man kann nur friedlich Sein
und in diesem Sein handeln

Wer hofft
Erfolg mache glücklich
ist wie der Esel
der hinter der Möhre herläuft
Wo immer er gerade ist
ist das Glück nicht

Menschen tun nichts umsonst

sondern alles

mit einer Absicht

für einen Zweck

Oft wird humanistische Bildung
zu einem Graben
bornierter Überheblichkeit
statt zu einer Brücke der Menschlichkeit

Risiko = Gefahr vor Ergebnis
Kein Risiko = Gefahr ohne Ergebnis
Je größer das Ergebnis
desto größer das Risiko
und desto mehr Weiterentwicklung

Ohne Erkenntnis
keine Selbsterkenntnis
Ohne Selbsterkenntnis
keine Weiterentwicklung
Ohne Weiterentwicklung
keine besseren Ergebnisse

WER
BIN
ICH
?

Jeder

ist ein einzigartiger Ausdruck von Seele

Seele nutzt MenschSein

um sich Selbst

zum Ausdruck zu bringen

Jede Erfahrung ist gültig

und weder gut noch schlecht

Auf dem Standpunkt

Das geht nicht

ist Misserfolg ein Erfolg

Wer auf dem Standpunkt lebt
ich bekomme nicht
was ich will
bekommt was er will
indem er nicht bekommt
was er will

Es gibt nicht nur Altersweisheit

sondern auch Altersstarrsinn

Arbeiten führt nicht zu Burn-out

sondern der Beweis

der damit erbracht werden soll

WER NICHT NEIN SAGT WILL KEIN NEIN HÖREN

Wer das Gegenteil von dem tut

was er ablehnt

macht es genauso

nur anders

Die meisten Menschen

leben in den Misserfolgen von gestern

den Problemen von heute

und den Sorgen von morgen

Stell Dir vor

Gott schenkt Dir ein Leben

was würdest Du damit anfangen

Die meisten wollen
einen guten Eindruck machen
oder
zumindest keinen schlechten

Wer seinen Heiligenschein nicht ablegt
endet als Kirchenfenster

Die Streitfrage zwischen Menschen ist
wer die Deutungshoheit
über die Realität hat

Das Leben ist ein Spiel
man kann es nicht gewinnen
man kann es nur spielen

WER BIN ICH

Du bist nicht die Stimme im Kopf

sondern ihr Zuhörer

Erinnerungen sind ein Sprungbrett
und kein Sofa

E-motion heißt

sich aus Gefühlen heraus zu bewegen

nicht in ihnen zu versinken

MAN KANN NICHT NICHT MANIPULIEREN

Jammern macht gesellig

davon lebt die Gastronomie

Jeder Glaubenskrieg

ist eine Perversion der Religion

Wer ein Neugeborenes für einen
Ausdruck von Sünde hält
hat das Prinzip Liebe
grundlegend missverstanden

Schuldgefühle sind eine Freikarte
so weiterzumachen wie bisher
Wer sich schuldig fühlt
fühlt sich schlecht
wer sich schlecht fühlt
kann nicht gut handeln

Je mehr man riskiert

desto mehr vertraut man sich Selbst

Je mehr man sich Selbst vertraut

desto mehr riskiert man

Frau erzeugt Nähe durch

Kommunikation

Mann erzeugt Nähe durch

Sexualität

Sexualität = Nähe = Kommunikation

Sexualität wurde solange verteufelt
bis sie als eheliche Pflicht
wieder eingeführt wurde

LIE

Du kannst die Liebe
des anderen nicht fühlen
Du kannst nur Deine Liebe für
den anderen fühlen

BE

Wer seine Vergangenheit liebt

liebt seine Eltern

Wer seine Eltern liebt

liebt sich Selbst

Wer sich Selbst liebt

liebt auch andere

Es gibt keinen Weg
zu Glück und Erfüllung
erfüllt und glücklich Sein
ist der Weg

Wenn Du Frieden willst

zerstöre Dein Feindbild

nicht Deine Feinde

Du brauchst keine Zeit
mit Menschen zu verbringen
die Deine Bedingungen nicht
oder nur ungern erfüllen
auch wenn Du
mit ihnen verwandt bist

Man hat immer die Freie Wahl

Man kann nur nicht

nicht wählen

Freiheit ist ein Gefängnis

bis man sich verbindlich festlegt

Im Misstrauen muss man kontrollieren

Nur im Vertrauen kann man steuern

ALLES SOLL
BESSER
WERDEN
ABER
BLEIBEN
WIE ES
IST

Es gibt drei große Volkskrankheiten

Begründeritis	führt zu Mangel
Beweiseritis	führt zu Burn-out
Vergleicheritis	führt zu Entwertung

Wer Angst vor Gehirnwäsche hat
hat schon eine hinter sich
sonst hätte er keine Angst

Wer Anerkennung annimmt

beschenkt den Anerkennenden

Wer Anerkennung braucht
schafft einen Mangel
den niemand ausgleichen kann
Wer Anerkennung gibt
erschafft Fülle
insbesondere für sich Selbst

WER BIN ICH ?

Du bist nicht Dein Körper
der stirbt
sondern Nichts
das übrig bleibt

Du bist Nichts und damit All-Es

Die meisten Menschen haben Angst
nicht zu bekommen
was sie wollen
Wenn sie haben
was sie wollen
setzt die Angst ein
es wieder zu verlieren
So haben sie Angst zu leben
und Angst zu sterben

Jeder Durchbruch beginnt mit dem
Entfernen eines kleinen Steins
aus der Mauer der Überzeugungen

Gefühle sind Indikatoren
die anzeigen
was im Leben funktioniert
und was nicht
Beachte sie
aber tanze nicht nach ihnen

DU

HAST

KEINE

SEELE

SEELE

HAT

DICH

Wer auf Kosten anderer leben will
muss den Standpunkt beibehalten
ich bekomme nicht was ich will
um den Anspruch auf Entschädigung
aufrechterhalten zu können

Wer längere Zeit dasselbe Problem hat
liebt den Gewinn des Problems mehr
als die Lösung

Das Universum funktioniert
nach einfachen Regeln
die bei der Geburt
nicht mitgeliefert werden
Leben dient dazu
sie herauszufinden

Viele Menschen laufen lieber jeden Tag
mit dem Kopf gegen die Wand
weil es so schön ist
wenn der Schmerz nachlässt
anstatt die Bedingungen
des Universums zu erfüllen

WER BIN ICH ?

Du bist die Quelle der Ergebnisse

nicht das Ergebnis

Für einige ist Transformation

eine Bedrohung

für andere

eine wundervolle Möglichkeit

Für Transformation muss man
den Anspruch aufgeben
dass etwas anders sein sollte
als es ist

Wer nur dem Wert gibt
was schwer zu bekommen ist
bekommt ein schweres Leben

Wenn Ergebnisse
eine Folge von Zufall sind
gibt man das Steuer des Lebens
aus der Hand
und kann sich darüber beschweren
wenn es kracht

Im Bewusstsein des Mangels
bekommt man nur Sehnsucht nach Fülle
aber keine Erfüllung

In der deutschen Sprache gibt es
keinen Plural für Selbst
Jeder ist ein unterschiedlicher
SelbstAusdruck
und jedes Töten SelbstMord

LIE

BE

Liebe erfährst Du im Lieben
So bist Du immer geliebt
wenn Du liebst

Glücklich und erfüllt zu sein
ist das größte Geschenk
das Eltern ihren Kindern machen können
Es ermächtigt sie
risikofreudig und zuversichtlich
ihren Weg zu gehen

Irgendwann wählen Kinder
ob sie unglücklich oder glücklich sind
Auf diese Wahl haben Eltern
keinen Einfluss

Der Kluge

hat auf jede Frage eine Antwort

Der Weise

hat zu jeder Antwort eine Frage

MAN BEKOMMT WAS MAN GIBT

Die Opfer von heute
sind die Täter von morgen
und die Opfer von übermorgen
So gibt es keine Trennung
zwischen Opfer und Täter
sondern nur OpferTäter

Um OpferTäter sein zu können

muss man leugnen

Urheber des Dramas zu sein

Die meisten Menschen
gehen erst dann weiter
wenn es nicht mehr weitergeht

Man kann nicht glücklich werden
man kann nur glücklich Sein
Glücklich Sein ist eine Folge
des Zustimmens und Wählens
Was Ist

In diesen drei Bereichen

können Menschen sich bewegen

Komfortzone	Da-Sein
Lernzone	Mit-Teilen
Ergebniszone	Teil-Nehmen

Wer keine Bedingungen stellt

will keine erfüllen

Wer keine Bedingungen erfüllt

schafft einen Mangel

der Verweigerung rechtfertigen soll

LIE

Liebe und Licht sind das Einzige
das mehr wird
wenn man sie weitergibt

BE

Man hat entweder gute Ergebnisse
oder gute Begründungen
warum nicht
Gute Begründungen
bringen keine
guten Ergebnisse

Dienen heißt

andere gewinnen

als auch

andere zu gewinnen

Wer aufgrund von Erfolgen

selbstbewusst ist

hat kein SelbstBewusstsein

sondern nur ErfolgsBewusstsein

Der Mist der Vergangenheit

ist der Dünger der Zukunft

Vergeben heißt

sein Recht auf Rache aufzugeben

Rache verbittert

Vergeben bringt Leben

Man braucht die Erfahrung von

Mangel - Angst - Misstrauen

um ein Leben in

Fülle - Liebe - Vertrauen

erschaffen zu können

OHNE

ANTWORT

KEINE FRAGE

OHNE

LÖSUNG

KEIN PROBLEM

Wer seiner Vergangenheit
nicht vollständig zustimmt
wird sie wiederholen müssen

Diejenigen
die Geld ablehnen
haben oft am wenigsten
und sind gezwungen
sich am meisten
damit zu beschäftigen

Ergebnisse sind eine Folge von Absicht
und nicht von Arbeit
sonst wäre jeder Arbeitswütige
Millionär

Es gibt kein Es
das passiert
Glück und Leid
sind selbst erschaffen

Jeder hat ein Recht auf Glück

und

jeder hat ein Recht auf Leid

Erfüllung liegt hinter der Vorstellung
Das Problem ist
dass man sich das nicht vorstellen kann

Nur vernünftig zu sein

führt zu Hartherzigkeit

Nur emotional zu sein

führt zu Gefühligkeit

Wissen und Emotionen

führen zu Weisheit

Die meisten Menschen wissen nicht

was sie wollen

aber sind sich sicher

dass sie es nicht haben

Wer nicht weiß

was er will

bekommt was übrig bleibt

WER BIN ICH

Du bist nicht die Summe
Deiner Möglichkeiten
sondern die Möglichkeit
für Möglichkeiten

Was man anderen missgönnt

verunmöglicht man für sich selbst

Sich mit etwas zu identifizieren
ist der Beweis
dass man es nicht ist
Wenn man es wäre
könnte man sich nicht
damit identifizieren

Die meisten Menschen
glauben an Vernunft
Vernunft hat die Welt in den
heutigen Zustand versetzt
Wie die Welt aussieht
scheint das nicht besonders vernünftig

In Deutschland ist es verdächtig
länger als vier Tage begeistert zu sein
insbesondere ohne Alkohol

LIE

BE

Zu lieben heißt nicht
alle Bedingungen zu erfüllen
Man kann auch sagen
Ich liebe Dich
und erfülle nicht Deine Bedingungen

Du kannst nur loslassen
was Du bereit bist zuzulassen
Dann lässt es Dich los

Wer mit seiner Vergangenheit hadert
versucht sein Leben
mit dem Rückspiegel zu steuern

Keine Religion hat ein Monopol auf Gott und auch nicht auf Deine Seele

Religion ist kirchliche Ideologie

Ideologie ist weltliche Religion

Beides kann als Dogma

missbraucht werden

Beweisen zu wollen

ein Mann zu sein

ist unmännlich

Mindestens ist nie genug
Es ist nur das mindeste
nie das Meiste

LIE

BE

Liebe Ist der universelle Context

für alles Was Ist

Du hast noch nie etwas getan
was Du nicht wolltest
aber schon einiges nicht wollend

Man hat immer vier Möglichkeiten

Liebe Was Ist

Wähle Was Ist

Wandle Was Ist

Verlasse Was Ist

Perfekt heißt

es ist so gemacht

Jede Tulpe ist eine perfekte Tulpe

aber eine schlechte Rose

Wer die Wahrheit nicht sagt

muss sie leben

Willst Du Mutter sein

oder

nur Kinder haben

Ob Kinder
Belastung oder Bereicherung sind
hängt von Deiner Zustimmung ab

Die Lösung von gestern

ist das Problem von heute

WER SICH

NICHT

ENTSCHEIDET

IST

ENTSCHIEDEN

UNENTSCHIEDEN

Leid

Das Was Ist

ist es nicht

Glück

Das Was Ist

ist es

INTEGRITÄT BRAUCHT KEINE MORAL

Strafe

ist eine Folge von Moral

Konsequenz

ist eine Folge von Integrität

Resignation ist passive Verweigerung

Verweigerung ist aktive Resignation

Erfolglosigkeit ist eine Folge
von Verweigerung
Sehnsucht ist eine Folge
von Resignation

Alles hat

Anfang

Mitte

und Ende

Nicht nur Freude

sondern auch Schmerz

Unabhängigkeit

verhindert erfüllte Partnerschaft

Voraussetzung für erfüllte Partnerschaft

ist das Willkommenheißen

gegenseitiger Abhängigkeit

Voraussetzung für Abhängigkeit ist

vollständige Selbständigkeit

Die Bedingungen für Erfüllung
sind nicht immer politisch korrekt
Politische Korrektheit
ist die postmoderne Steigerung
des moralisch erhobenen Zeigefingers

Sowohl Leben als auch Menschen
sind Dein Spiegel
Wenn Du in den Spiegel schaust
und Dir gefällt nicht
was Du siehst
liegt das nicht am Spiegel

LIE

Liebe ist wie die Sonne
manchmal verschwindet sie
hinter den Wolken
aber sie ist immer da

BE

Wer seine Probleme auf Eis legt
verlängert nur ihr Verfallsdatum

Die Designfunktion des Verstandes ist

Überleben zu sichern

selbst auf Deine Kosten

Es ist nicht erleuchtet

keine Erwartungen zu haben

Erleuchtet ist

nicht zu erwarten

dass Erwartungen

erfüllt werden sollten

Du hast noch nie einen Fehler gemacht
sondern eine Wahl getroffen
die zu unerwünschten Ergebnissen
geführt hat
Diese sind Anlass für Korrektur
nicht für Entwertung

MAN KANN
ES SICH
LEICHT
SCHWER
ABER
SCHWER
LEICHT
MACHEN

Wer

sich beschwert

beschwert sich

Was soll auf Deinem Grabstein stehen

Ungeöffnet zurück

oder

Erfüllt

Du kannst niemanden glücklich
und niemanden unglücklich machen
außer Dich selbst

Kinder würden mehr Gemüse essen

wenn es nicht mit moralischer

Vernunftsoße serviert würde

Sieger produzieren Verlierer

Gewinner erzeugen Gewinner

Es liegt keinerlei Intelligenz darin
zu wählen
nicht glücklich zu sein

Unglücklich Sein ist aufgesetzt
Viele behaupten allerdings
Begeisterung sei aufgesetzt
damit Unglücklich Sein
gerechtfertigt ist

Die Welle der Veränderung
lässt sich nicht aufhalten
Man kann sich
von ihr überrollen lassen
oder auf ihr surfen

Im Mangelbewusstsein
ist alles zu wenig
selbst das volle Glas
könnte wieder leerer werden

Entweder man übt

um Meister zu werden

oder

man ist ein Meister

der übt

Wer sich nur dann weiterentwickelt

wenn es notwendig ist

erwartet Not

um sie wenden zu können

GOTT
UND
ABSICHT
SIND
EINS

Ein Problem ist ein Geschenk

das man sich Selbst macht

weil in seiner Lösung eine Erkenntnis liegt

Einige beschenken sich reichlich

Wogegen Du Widerstand leistest
bleibt bestehen durch die Energie
die Du in den Widerstand steckst

Männliche Potenz
ist der kleine Bruder
der weiblichen Macht
aber das ist ein ganz anderes Buch

Machtvoll sein heißt
innerhalb einer bestimmten Zeit
bestimmte Ergebnisse zu erzielen
Je kürzer die Zeit und
je größer die Ergebnisse
desto machtvoller

Macht ist weder gut noch schlecht
Man kann wählen
ob man sie für oder gegen
Menschen einsetzt
Wähle weise

In der Pubertät zahlen Jugendliche
mit der gleichen Münze zurück
mit der sie vorher bezahlt wurden

Wer darauf wartet
was das Leben bringt
wartet auf die perfekte Auslieferung
ohne Bestellung

DER
WEG
IST DAS
ZIEL
UND OHNE
ZIEL
KEIN WEG

Dein Wort ist unendlich machtvoll

so lange Du es hältst

Ob das teuflische
oder Das Göttliche gewinnt
hängt davon ab
welche Seite man füttert

Wenn jemand unfreundlich ist
erlebt man das nur kurz
Der Unfreundliche muss sich
sein ganzes Leben ertragen

Auf dem Opferstandpunkt
findet man immer einen Schuldigen
aber nie Erlösung
Auf dem Urheberstandpunkt
erlöst man sich Selbst

Opfer und Täter
sind miteinander in Schuld verstrickt
Als Urheber lebt man nicht in Schuld
sondern in Verantwortlichkeit

Nicht zu streiten

ist kein Sieg der Harmonie

sondern Triumph der Resignation

Gleichheit

ist ungerecht

LIE

BE

Bedingungslose Liebe ist unerfüllbar

Wenn man Angst hat
sein Gesicht zu verlieren
wird es Zeit
dass man es verliert

Wer sein Gesicht verliert

findet sich Selbst

Wer sagt

Ich ärgere mich

treibt es übel mit sich selbst

Die Niederlagen von gestern
sind die Memoiren von morgen

DAS LEBEN
IST FÜR
ALLE
EINFACH
ABER NICHT FÜR
JEDEN
LEICHT

Im Zustand von Resignation
ist es schon gut
wenn es nicht schlecht ist

Man hat nicht immer Einfluss
auf die Ereignisse
aber immer
wie man darauf antwortet

Man kann Verantwortlichkeit

nicht abwählen

Man ist auch verantwortlich

für Nicht-Verantwortlichkeit

Wer sich immer wieder versagt
seine Träume zu verwirklichen
fühlt sich irgendwann als Versager

Man ist immer mit allem und allen

verbunden

auch wenn man es nicht fühlt

Der andere hört auf
die Wahrheit zu sagen
wenn man sie bewertet
oder gegen ihn richtet

Deine Vision ist wie ein Stern

Sie leitet Dich in dunkler Stunde

LIE

BE

Man liebt alle Menschen
und einige mag man sogar
Jemanden zu mögen
ist an Bedingungen geknüpft

Etwas jahrzehntelang zu machen

heißt nicht

dass es funktioniert

Nur weil es alt ist

muss es nicht gut sein

Manches ist einfach überholt

Die Geißel der Menschheit
ist nicht Hunger
Krankheit und Krieg
Die Geißel der Menschheit
ist Positioniertheit
mehr von dem zu tun
was nicht funktioniert

Ein Mensch

gibt seine Positioniertheit erst auf

wenn er den Preis dafür

nicht mehr zahlen will

Wille ist eine Funktion

des Verstandes

Absicht ist eine Funktion

des SelbstSeins

Ergebnisse sind eine Folge der Absicht
in der man lebt
Absicht ist stärker als Wille
Man kann Willen mit Absicht
in Einklang bringen
nicht umgekehrt

WENN DU
GLÜCKLICH
BIST
INFORMIERE
DEIN
GESICHT

Es ist nicht besonders erleuchtet

esoterisch zu begründen

nicht erfolgreich zu sein

Jeder ist Regisseur seines Lebens
Ob Drama oder Erfüllung
hängt von der Regie ab

Was das Leben bringt ist Nichts
das man nicht Selbst beabsichtigt

Im Anfang war Nichts
und dann war das Wort
Das Wort war bei Gott
und der sitzt auf Deinem Stuhl
und auch auf dem Deines Nachbarn

Der Gegenspieler von Gott

ist der Teufel

Der sitzt auch auf Deinem Stuhl

und auch auf dem Deines Nachbarn

aber der versaut sein Leben

nicht Deines

LIE

Die Erfahrung von Liebe
erschaffst Du nur
wenn Du sagst
Ich liebe Dich
Wenn Du Dich weigerst
Ich liebe Dich zu sagen
willst Du den anderen
mit Unvollständigkeit bestrafen

BE

Was hat man
wenn man 22 Personen
einen Ball und zwei Tore hat
Man hat 22 Personen
einen Ball und zwei Tore
Um ein Spiel spielbar zu machen
braucht man Regeln

Regeln sind erst vereinbart
wenn der andere zustimmt
Hat er dazu nicht die freie Wahl
sind es Befehle

Es gibt keine Schuld

Schuld ist ein menschliches Konzept

um andere zu manipulieren

Wer sich schuldig fühlt

zahlt

Jesus Botschaft am Kreuz war
Ich nehme alle Schuld auf mich
Lass Ihn nicht vergeblich hängen

DU KANNST
NUR
HABEN
WAS DU AUCH
BEREIT BIST
NICHT
ZU HABEN

Wer nicht folgen will

kann nicht führen

Wer eine größere Vision
von Dir hat
als Du selbst
ermächtigt Dich

Nicht nur diejenigen
sind Deine Freunde
die Dich in schwacher Stunde trösten
sondern besonders die
die sich mit Dir
über Deine Erfolge freuen

Viele schleppen einen
Rucksack voller Vorwürfe
um sich über das Gewicht
zu beschweren
Der Preis für ein leichtes Leben
ist der Rucksack

Viele Menschen sagen dem Ofen

Gib mir Wärme

dann bekommst Du Holz

und wundern sich

dass es kalt bleibt

WER BIN ICH

Du bist nicht Deine Gefühle

Du hast welche

Du bist nicht Deine Gedanken

Du hast welche

Du bist nicht Dein Körper

Du hast einen

Du bist nicht Dein Verstand

Du hast einen

Du bist nicht Deine Geschichte

Du hast eine

Du bist nicht Deine Ergebnisse

Du hast welche

Du bist die Möglichkeit

die das ermöglicht

Du bist der Context

in dem All-Es entsteht

Jeanne Baudot en disant ; tout le monde
connait mon faible pour elle.

Dimanche 29 Janvier. – Nous
allons avec Jeanne voir la collection
Pellerin. Je ne comprend rien à cet
homme qui n'y connait rien en peinture
et parait cependant avoir une adoration
pour le talent de mon oncle Edouard
dont il a des choses superbes : Léon Leenhoff
en velours devant une table couverte
de quantités de choses si admirablement
peintes, Nana, la femme en Espagnole couchée
sur un canapé que je ne connaissais pas
et qui est merveilleuse, quelle peinture !
puis le Skating, le Bar, l'artiste que
j'aime moins, une femme en rose dont Pellerin
est enchanté et qui est belle en effet,
mais le fond est d'un noir qui
m'étonne, puis des esquisses, de petites
choses un homme suicidé impressionnant de